JN440001

푸득이면 날개가 되는

-제7 디카시집

푸득이면
날개가 되는

초판 1쇄 인쇄 | 2018년 11월 20일
지은이 | 이상범
펴낸이 | 이승훈
펴낸곳 | 해드림출판사
주 소 | 서울 영등포구 경인로82길 3-4(문래동1가 39)
센터플러스빌딩 1004호(우편 07371)
전 화 | 02-2612-5552
팩 스 | 02-2688-5568
E-mail | jlee5059@hanmail.net

등록번호 | 제87-2007-000011호
등록일자 | 2007년 5월 4일

* 이 도서는 한국출판문화산업진흥원의 출판콘텐츠 창작 자금 지원 사업의 일환으로 국민체육진흥기금을 지원받아 제작되었습니다.

ISBN 979-11-5364-317-2

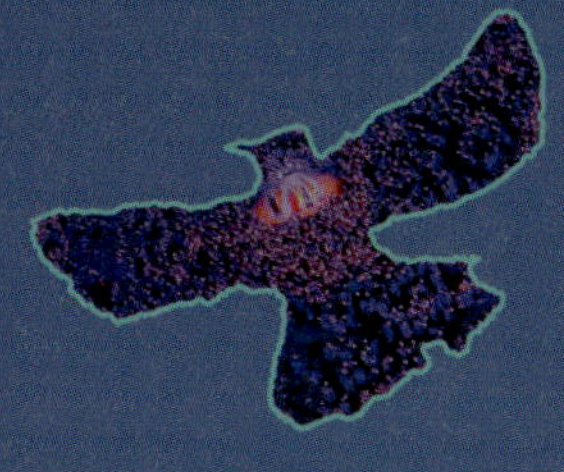

푸득이면 날개가 되는

이상범 시집

해드림출판사

시인의 말

왜 항시 날기를 꿈꾸는가

왜 항시 날기를 꿈꾸는가의 다른 말은 왜 나는 디카시의 길을 걸어가고 있는가 하는 물음과 같다.

매일 수백 장의 사진을 찍고 선별하여 그것들 중 시의 추출 가능성이 있는 것을 포토샵과 디자인, 그리고 사진과 사진, 사진과 그림, 그리고 사진과 사진의 융합을 통해 시 창작을 유도하였다. 물론 전체의 10% 미만이긴 하나 예술성이 돋보였다.

그러나 80% 또는 90%는 사진 자체에서 시의 영성을 얻어내는 일이었다. 시의 생성이 잘 된 작품일수록 날개를 문득문득 내비쳐 푸득이며 날려고 한다는 사실도 알았다.

이 같은 수고로움의 디카시 작업이 15년에 가깝다. 그러나 그보다 더 힘든 일은 컬러 시집을 내는 어려움이다. 그래도 많은 이의 도움으로 일곱 번째 디카시집 『푸득이면 날개가 되는』을 출간하게 되었다. 감사할 따름이다.

지금도 꿈은 디지털시대와의 동행이다. 시만을 염두에 둔 이에게 시의 대중적 확산을 도와 그것이 시조의 확산으로 이어질 것을 믿어본다.

스마트폰 하나면 모두가 이루어지는 세상에 시와의 친숙을 이끄는 이 작업에 일조했다는 자부심도 가지고 있다. 남이 못 듣는 소리 속에 듣는 소리, 남이 보지 못하는 곳에 새로움을 보아가는 잔잔한 기쁨도 있었다.

여하튼 시와 사진의 융합이 맞아떨어져 핵반응을 일으키듯 감성의 높은 경지를 이룩해 가는 것을 목표로 삼는다는 기존의 입장에는 변함이 없다. 그러나 미흡하다는 느낌도 함께 지니고 있는 것도 사실이다.

이 같은 디카시집을 기꺼이 받아준 관계 당국과 이승훈 사장님에게 고맙다는 말씀을 거듭 남긴다.

2018년 초겨울

이상범

목 차

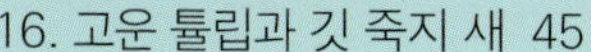

2

3

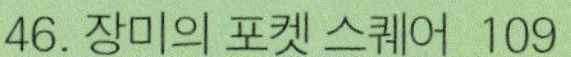

4

1

권금성 케이블카

케이블카에 스친 인연

줄 하나에 매달린 채

잠시 스친 빛의 섬광

돌아보면 기운 반세기

문득 안긴 가을빛 부처

바람결 더불어 얹히는 바람

당겨보는 소슬한 적멸(寂滅).

농다리 상류 청정 바람골 풍경

청정이 내리는 고을

-생거 진천의 발상지를 찾아

농다리 환한 골에 귀를 모아 듣는다
초록이 초록을 업고 청정을 빗는 소리
골 물도 조약돌 씻으며 맑은 물을 풀고 있다.

한참을 뚫린 골짜기 마음 비워 젓노라면
바람이 초록을 깨워 풀꽃 피우는 소리…
가을엔 비단 짜는 단풍 무지개 빛 베틀 소리.

한겨울 바람 골에 새겨듣는 품속의 말
팔 팔 팔 끓는 백비탕 군무(群舞)의 눈발 소리…
그 소리 눈꽃이 활짝 청정 자꾸 내린다.

단엽종(短葉種) 난의 두화 소심 (豆花 素心)

애완견 콩콩 방울

누가 콩콩 방울 한 쌍을 데리고 나왔을까

앙증맞고 깜찍해라 콩콩 방울 토종 방울

깊은 숲 머물다 나왔나 봄나들이 콩콩 방울.

노란 혀를 내보이며 꼬리 흔드는 콩콩 방울

단엽종 두툼한 잎새 사랑마저 두터운가

사랑의 끈을 맨 듯한 콩콩 방울 애완견.

붉은 양귀비 꽃망울에 그린 어머니의 새댁시절 모습

새댁 시절 어머니 상(像)

어머니는 북두칠성 가까이에 깜빡이시고

아흔셋 떠나가신 새댁 모습 궁금해져

찍어둔 밑그림 없어 마우스로 그렸다.

그것도 양귀비의 꽃망울에 눈과 코

그리고 입이며 눈썹을 마무리한

선한 눈 가득한 사랑 보살이던 어머니.

한국에만 있는 품종, 제주의 구상나무, 붉은 열매

암나무. 세계는 멸종 위기 종으로 분류하고 있다.

'쿠살남'[1] • 구상나무

주목과 구상나무는 사촌뻘쯤 되는 사이
구상나무는 방울열매 붉은색[2] 보라색 띠고
구상과 주목 작은 열매 입을 벌린 앵두 같다.
'쿠살남' 살아 백년 죽어 백년 이백은 너끈해
방울 열매 '박송실(朴松實)'로 방풍과 조혈제다
'쿠살남' 제주방언이 자꾸 변해 구상나무래.
진녹색 튼실하기에 두 나무는 우람한 믿음
산에 들면 산의 품위 문득 높인 궁궐만 같아
'쿠살남' 고사목 보이면 미래 준비 마쳤어야.

---

1 쿠살남, 구상나무의 제주 사투리
2 구상나무 붉은 방울 열매, 구상나무 암나무.

마른 석류와 비비추꽃

마른 석류에게 주는 시(詩)

손수레 실려 나온 한 소쿠리 붉은 석류
빛깔이며 탐스런 크기 머리맡에 얹어두고
더러는 주기도 하고 쪼개어 먹기도 했다.
남은 한 개 해가 바뀌어 그냥 어여뻤고
크기가 준 아름다움 기름칠로 윤기를 냈다
그러다 오 년이 되던 해 기념으로 남긴 사진.
이제 말라 열다섯 살 갈색 띤 채 노년의 석류
시를 한 수 남기고 싶어 축하의 비비추 선물
미감의 십 오 년 사랑 자랑스런 갈색 사랑.

흰 매화 한송이

매화 한 송이

얼마나 아름다운지

하얗게 현신(現身) 했다

꽃술에 올라앉은 하늘

흰 가시연 빅토리아 왕관

옛 선비 품위의 용상

백매 위에 내리는 글발.

풀 먹인 모시 가리개로 가린 유리창

별의 향기

'별 가까이' 카페 유리창

풀 먹인 모시로 가린 창

모시 창에 내려온 별

잠시 쉬어 속삭일 듯

그 파란 별 향기는 어떤지

맡아 보고 싶었다.

히말라야 청색 양귀비

히말라야 청색 양귀비

히말라야 양귀비는 분명한 영혼의 꽃
눈물 너머 짙푸른 날 하늘색을 먹고 핀 꽃
꽃망울 터지는 모습도 하늘 닮아 파란 꽃.
히말라야 양귀비는 절절한 기도의 꽃
오체투지 평생소원 하늘 담아 커가는 꽃
감싸는 청색의 품 안 한잎 두잎 깨달음의 꽃.
히말라야 양귀비는 터득 속의 가난한 꽃
돌이며 나무토막 움막집의 귀로 듣는 꽃
혹독한 시련의 말씀에 열반에 든 부처꽃.

산호가루 모래 위에 파라솔과 빈 안락의자와

산호섬의 빈 의자

산호가 부서진 가루 눈부시게 흰 모래밭

바다 밑 산호 빌딩 부풀어 이룬 산호섬

밟으면 눈밭의 착각 산호 분말 하얀 둔덕.

섬 위치 나침판 속 숨고 긴 수평의 옥빛 바람

몰디브란 산호의 나라 모함(母艦)만한 수도 말레

파라솔 안락의자엔 살아 한 번 앉고 싶다.

반닫이 측면의 고재액자와 마른 꽃

추억의 반닫이

-반닫이 측면의 고재액자와 마른 꽃

괴목의 반닫이에 단단한 붉은 윤기

더러는 기름칠에 호호 불며 문지르던

세월에 대낀 반닫이 고재 액자 마른 꽃.

오래 묵힌 빛의 깊이 발그레 피는 색깔

아버님 고서며 필묵 두루마리 간직했던

떠나간 아버님 유품 찾을 길이 없었다.

냉이꽃대이슬

풀꽃 이야기

물가의 풀꽃들이 바람에 나부낍니다
바위너설 풀꽃들도 원을 그려 답을 합니다
해종일 주고받는 얘기 저물 줄을 모릅니다.

풀꽃 이슬 떨어져 물면을 두드립니다
실로폰 맑은소리 새벽잠을 설칩니다
핑 도는 정의 이슬방울 실꾸리를 감습니다.

풀꽃이 머리 들어 새 세상 문을 엽니다
밝아오는 심금 위에 풀꽃들을 뉘입니다
잠을 깬 눈부신 풀꽃 고요세상 안깁니다.

착륙 직전, 재두루미의 하강

재두루미의 귀환

고향 떠나오는 도중 산을 넘다 어린 것 잃었고

수리 습격 다시 받아 방향 잃고 또 죽었다

무리서 떨어져 나가면 맹수 먹이 십상이다.

큰 무리는 별 탈 없이 김포 들에 착륙했고

늘 오던 장소여서 먹이 감도 괜찮았다

대장은 몰라도 이따금 고개 들고 살피는 놈.

주황색 벽과 산수유 열매

반숙(半熟)의 미(美)

의성, 구례 산수유 열매

온 마을을 붉게 밝혀

도심에도 산수유 열매

근린공원 풍경을 밝혀

주황색 벽의 산수유 열매

반숙으로 엄지 품위(品位).

혼인 색 띤 솔이끼

혼인 색 띤 솔이끼

이끼의 번식도 좋다

솔이끼 붉은 입술

때 되면 혼인 색 띠고

종족을 퍼뜨리는

솔이끼 곳곳의 붉은 색

선명한 색 혼인 색.

2

튤립의 한 종류

고운 튤립과 깃 죽지 새

꽃잎은 날기 원해

바람에 날다가 진다

그 꽃잎 깃 죽지 단

이파리 깃 전부 합치면

적어도 일곱 마리 새가

깃을 치며 날 것 같다.

조형물, 꽃의 여신(女神)

꽃의 여신(女神)

꽃 속에 꽃으로 핀 촘촘히 짠 꽃의 여신

몇 송이 꽃이 들었을까 자유여신 몸체 같다

여신은 쥐었다 펴면 싹이 트고 꽃이 피고….

꽃의 여신 하는 일은 매양 꽃을 선사하는 일

해봄직 하지 않은가 꽃만 말고 그 무엇이든

일생을 빛으로 남기고 떠난 사람 떠난 여신(女神).

깽깽이풀 꽃봉오리, 멸종위기종

토종 깽깽이풀

튤립의 나라 네덜란드

깽깽이풀 꽃을 보고

맞아요 한국의 토종

튤립이라 했을 듯싶다

유현한 우리 색 보라

한국의 멋 토종 미(美).

평창동계올림픽 폐막식의 성화와 폭죽

그 성화도 꺼지고

올림픽 치루며 보기 힘든 사람들도 만나
정말 잘 되기만 바라는 게 우리 이웃
이제는 양지의 생각 물 흐르듯 흐르거라.
겉과 속 한결같아 움직이는 형상이 되고
믿음이 끈을 달아 미래의 길 넓혀가는
눈물을 더는 흘리지 않게 화해이면 싶었다.
겨루던 보름의 내기 눈과 얼음 딛고 이룬
금 은 동 땀의 성과 아름다운 폭죽 불빛
그래도 영미 영미 영미 귀 울림도 남겼다.

무지개산(七彩山), 중국

무지개산 유래

가난이 옹기종기 모여 살던 산언덕에

소망의 무지개가 자주 걸리곤 했던

무지개 잠긴 산맥에 차츰 색이 드러났다.

바람 잠시 멈추던 날 색동옷을 걸친 산이

비 개인 뒤 눈부시게 숨 고르며 깨어났고

지금은 구경꾼 덕분에 삶도 눈에 띄게 됐다.

설원에 핀 시베리아 무릇, 과거 구황식물로 쓰임.

엷은 미소가 남긴 끝말

-1938년 5월, 포석 조 명희 詩人[3]

왜 조국을 떠났냐고 언젠가는 내게 물을게다
나를 향해 조여 오는 안 보이는 손이 있어
남아서 받을 고통 아니라 뜻하는 일 멀기 때문.
가야 할 길은 하나지만 가야 할 곳은 여러 갈래
남이 밟은 뒷길 아닌 내가 새로 개척할 외길
되찾을 나라의 꿈 이룩할 이 동토의 시베리아.
아니야 이건 아니야 나를 던져 구할 나라
부서져 챙길 겨레 끝내 외친 내 사랑 대한 조국
다 접고 이젠 하늘나라 묵언의 길 들것 같다.

---

3 1938년5월11일 억울한 누명(陋名) 쓰고 비명(非命) 타계(他界)함

백곡저수지 풍경

백곡저수지에서

-생거진천 발상지를 찾아 2

이무기가 물면을 차고 오르는 건 못 보았다
아침엔 김 오르는 물안개가 수면을 씻고
물고기 뽀글뽀글 숨 쉬며 새 신호의 아침 인사.
낮이면 해, 밤이면 달, 고요를 헹구는 습성
저물녘 파문을 세워 숲이 푸는 서늘바람
이 고장 맛깔 배인 쌀 그 근원의 정갈한 물.
어스름엔 철새의 귀환 등불 몇 점 살아나는
깃 접은 물오리 가족 수초 사이 곤한 잠을
날 들면 비늘 뜨는 호면 새물 자꾸 빚는다.

농다리를 건너는

농다리 연가(戀歌)

-30년 만에 재회한

이고 업고 마실 가는 소통의 긴 돌다리
곰실곰실 도롱뇽 걸음 밟으면 꿈틀대는
지네가 이끄는 갈지(之)자 머리 들어 반색한다.
정갈한 물소리 끼고 솔솔 꿈을 다독이는
맨 돌을 나르던 손 그 숨결을 조리질하고
실비 속 빨강 연두 우산 쓰고 가는 나들이.
바람 골 꽉 찬 이파리 옛정을 손 흔들면
연가에 물든 여울 버들잎이 나부끼고
삼십 년 씻긴 얼굴로 농을 거는 농다리.

삼지구엽초 꽃

집게 차(車)와 목례(目禮)

아파트의 쓰레기를 단번에 해치우는 차

참으로 잘 만들었다 머리를 끄덕이는

와지직 기계손을 펴 덥석 잡아 낚아챈다.

워낙 힘이 좋아서 넋을 잃고 보고 있다

우지끈 쿵 우지끈 쿵 옮겨 신는 쓰레기더미

떠나는 집게차를 향해 난 목례를 보냈다.

춘우초(春雨草)의 꽃송이

춘우초(春雨草)

가만가만 적시는 비 가지마다 매어단 이슬

흙 들추고 나온 새싹 한참을 놀라운 충격

이 무렵 작고도 깜찍한 춘우초의 꽃이 번다.

언 듯 보면 사초만 한 눈에 담아 반할만한

붉은빛 연지 바른 듯 살짝 내민 꽃술이다

춘우초 개화엔 쿵쾅 쾅 호통치는 천둥소리….

옥수수 수염 이슬

안개비

실비가 낮은 산을 한나절 밟고 가면

가랑비 촉촉한 물기 수분 배인 흙이 된다

옥수수 익히는 통로 물을 깃는 분홍 수염.

옥수수 단물 드는 가뭄 끝 능개비 자락

스미는 힘 젖는 소리 자욱한 세우(細雨)를 앉혀

단비에 옥수수 알갱이 속이 차는 안개비다.

건물 입구에 조각한 해오라비

목각해오라기

둥지 위에 해오라기 몹시 곱게 여겼는지

나무를 새겨 만든 해오라기 알을 품고

목각의 앉은 새가 날기를 은근히 바라는 마음.

물가의 해오라기 문 앞의 새로 왔을까

어두워 귀가하면 목을 뽑아 울 것 같아

차 한 잔 들고 잠들면 목각 새가 깃을 쳤다.

눈보라 속 우산 쓴 여인

눈보라 속 듣는 말

-서정춘 시인께

그 머리는 눈 오기 전
솜털 빠진 억새 머리
'살아라, 세끼 먹을 수 있는
그곳이 바로 고향이다'[4]
어딘가 또 눈보라 친다
바람 속에 듣는 말.

4 젊어서 고향을 떠나는 서정춘 시인에게 아버지가 남긴 말씀

외줄 위에 앉은 흑비둘기 두 마리

흑비둘기 두 마리가 하는 말

까만색을 대개는 싫어하는 것 같았어

아 그래 검은색은 어둡다고 싫어해

그래도 우리 둘은 이렇게 사랑하고 있잖아.

그런가 네가 검고 내가 검어도 불편한 건 없어

결국은 색은 색일 뿐 보이는 시각일 뿐

색깔은 겉허울일 뿐 참사랑은 마음이야.

식충식물 산도서니아 꽃

식충식물 산도서니아 꽃

네가 피운 꽃송인 영락없는 흰 쥐의 무리

사람이 너의 몸을 치유의 매개물로 삼아

수명을 늘리는 일에 네 몸 마구 쓴 것 맞아.

그런데 왜 식충식물의 꽃에 가 태어났지

무엇을 일러주려 흰 쥐로 환생 했어?

지금도 인간은 흰 쥐를 마구 쓰고 버리잖아!

3

설악산 솜다리 꽃

설악산 솜다리 꽃, 그리고 풍란

풍란을 남녘 벼랑에 심고 살핀 수십 년 세월[5]

설악산에 숨어 사는 우리 토종 솜다리 꽃

설악산 높은 기운을 띈 멸종 위기 솜다리 꽃.

남녘의 바위 벼랑 또다시 깨어난 풍란 향[6]

스스로 핀 주인답게 자랑스러운 솜다리 꽃

떳떳이 쭉 펴든 꽃 맵시, 솜다리 꽃 우리 사랑.

---

5 풍란을 키우고 벼랑에 붙인 이성보 시인

6 이젠 풍란의 향이 번져 복원이 많이 됐다.

붉은 꽃 애기사과 이슬

애기 사과 이슬

작은 열매 애기 사과

두 놈이 두 눈 뜨고

지금 뭘 보는 걸까

숲인가 인간인가

거꾸로 봐야 잘 보이는

거꾸로 가는 사람 세계.

자이오 자두

바이오 자두

공들인 새 품종이

나올 때마다 우린 즐겁다

과일 등은 자주 빛일 때

약효가 극대화 된다고

보송한 피안의 색깔

빛부터가 식욕이다.

목화 꽃봉오리

목화 꽃봉오리

문 익 점이 씨 뿌리고

꽃 피운 이 품은 기쁨

햇살 받은 꽃망울 속

은은한 빛의 광영

솜털이 보송한 솜의 품성

포근하고 따스해라.

흰 성주풀

흰 섬초롱

색을 지닌 들풀들은 반드시 흰색이 있다

빨강 분홍 다음에야 흰색일 수밖에 없어

흰색은 원시의 색깔 모든 색의 통합이다.

꽃대마다 두세 송이 송이마다 흰 주머니

꽃대마다 매어 단 꽃 주렁주렁 순수 탐닉

주머니 하얀 흔들림 비질하는 하늘 마당.

해넘이 · 가로등 · 귀국 여객기

해넘이 표정

지는 해를 누가 굽나

망가질까 두려웠다

가로등도 흉내 내기

불빛을 굽고 있다

잘 익은 붉은 해의 하늘

깜박 깜박 여객기.

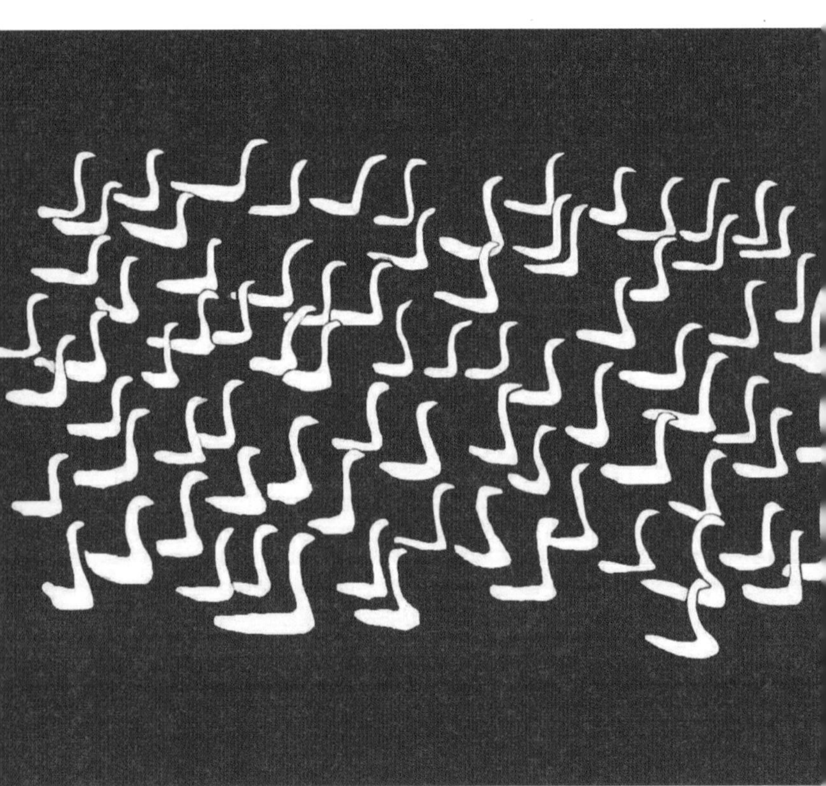

양피천의 백조 고니

왕피천의 백조

백 마리 수백 마리가 일시에 뜨고 앉는
낳은 새끼 반년 길러 떠나온 시베리아
오만 리 장천 함께 날아 시월에 온 왕피천.
밤이면 수초와 갈대숲에 잠을 청하고
떠나온 호수가의 고기 맛을 되새기며
길들은 남녘의 미각 부리 묻고 꿈을 꾼다.
물고기 찾아 천리 옮겨 사는 철새의 습성
넉 달 남짓 겨울나기 이월이면 한반도를 뜨는
여덟 달 고향 시베리아 이 땅에 와 넉 달 산다.

등 칡꽃

색소폰 부는 등칡 꽃

나무를 휘감으며 꼭대기에 올라앉아
까마득 오른 뒤엔 곁의 나무 부여잡고
먼데 산 아득한 하늘 목울대의 산새 소리.

산울림이 산을 돌아 깨어나면 산 메아리
귀 기우려 뻗은 줄기 꽃이 부는 풀빛 음색
어느 날 소망의 꽃은 색소폰이 되었다.

조용한 날 산의 심중 마음 비워 푸는 선율
휘파람도 함께 얹어 메아리에 보태 주며
깨달음 색소폰 소리 산을 죄다 눕힌다.

저자가 친 중투호에 핀 꽃

내가 친 중투호[7]에 핀 꽃

옛 선비는 난을 그리지 않고 친다고 했다

난이 좋아 난 기르고 치는 게 여간 좋아

중투호 눈부신 미감 그리지 않고 쳐보았다.

치고 다시 고쳐 치고 엇비슷한 연한 중투

색을 섞어 치는 색난 중투호에 피울 꽃송이

내가 친 중투호 꽃에 내가 먼저 놀랐다.

7 노란 난 잎 가장자리에 녹색 줄을 띄움.

진달래와 다도해

진달래와 바람 끈

전생의 끈을 이어

이 세상에 태어났다

아직도 인연의 끈

풀지 못해 두르고 있는

인연의 끈 위에 감긴

다도해의 바람 끈.

배꽃과 달, 물에 잠긴 아자창

배꽃과 달

-이월송가(梨月頌歌)

술래 잡힌 배밭 바람 꽃잎 띄운 달맞이 고을

하르르 볼에 지는 꽃 후광 두른 함지박 달무리

배꽃과 달의 대청마루 물에 비친 아자창(亞字窓).

우거져 짙푸른 숲 미호천 끈 이을 샘물

흰 두루미 내려앉는 곳 둥지 트는 왜가리 떼

청정이 녹음을 열어 신행(新行) 가는 배꽃과 달.

눈오는 밤의 산책

눈 오는 밤의 산책

커튼을 저치니 눈 잠이 오지 않았다
싸륵 싸륵 작은 눈발 제법 긴 호흡이다
우산 쓴 몽유병자처럼 꿈속 꿈길 걸었다.
반세기 전 떠난 연인 유리창에 스쳐 가고
그들의 2대들도 손 흔들며 지나가고
차 한 잔 들다 밖을 보면 우산 쓴 나도 가고….
주황색 영상 속에 춤을 추는 하얀 눈발
뽀드득 밟고 가는 숱한 사람 숱한 눈발
내 가슴 깊숙한 곳에도 뽀득뽀득 밟히는 소리.

아기 붓꽃

아기 붓꽃

자칫 그냥 스쳐 갈 듯

눈에 잘 안 띄는 자주 꽃

가다가 돌아와 보는

챙기면 어여쁜 자태

고것 참 하고 눈에 담는

아기 보라 아기 붓꽃.

누린내 풀꽃이 만드는 하트

누린내풀꽃이 만드는 하트

두 손 들어 만드는 하트 사랑 모양새도

엄지와 검지를 겹쳐 표현하는 사랑의 말도

가끔은 꽃들도 흉내 내는 꽃말 사랑 있었다.

그 중에도 누린내 나는 누린내 꽃 사랑의 표시

두 개의 꽃잎을 합쳐 유희하듯 만드는 하트

반듯한 사랑의 풀이 말사랑 보다 아름답다.

분홍 마른 장미 세모꼴 네모꼴

세모꼴 네모꼴 향기

마른 장미 중엔 분홍이 그중 곱다

그것이 세모일 때 그리고 네모일 때

고운 색 삼면 사면이 합쳐지면 더욱 곱다.

향기의 바스락 소리 분홍의 바스락 소리

세모엔 세모난 향기 네모엔 네모난 향기

베갯모 세모의 사랑 네모일 때 네모 사랑.

붉은 장미 송이의 포켓 스퀘어

장미의 포켓 스퀘어

싱그러운 향을 뿜는

붉은 장미 눈에 띈다

겹겹이 겹친 꽃잎

우아하고 의젓해라

정장의 붉은 상의 윗주머니

곱게 꽂힌 포켓 스퀘어.

노란 자귀 꽃

자귀꽃 노란 몸살

폭죽이 밤하늘 폭죽이

노랗게 익고 있다

샛노란 불화살이

분사하는 황금 화살이

파열음 한데 모아 이룬

꽃 몸살의 노란 폭죽.

나뭇가지 새싹의 모습

새싹의 날개와 춤사위

뿌리쯤에 숨어 살던 새 기운이 머리를 들어

드디어 나온 새순 초록빛 새 깃 죽지를

누군가 가지를 툭 치면 새가 나는 하늘 궁(宮).

온 세상 음 사월 기운 가지마다 나풀대는 새

나부끼며 파릇파릇 숨 쉬는 춤사위가 되어

초록 잎 연두색 산새 합창 소리 녹음 소리.

공사장 길가의 작은 대추

붉은 주렴 작은 대추

대추가 주렁주렁 주렴을 만들고 있다

줄을 늘어뜨려 대추 주렴 엮고 있다

어디다 쓰일 주렴일까 삐뚤빼뚤 예쁜 주렴.

짜장면 집 옛날 주렴 옛날 짜장 생각나고

붉은 주렴 단팥죽 집 새알심에 군침 돌고

트랙터 소리에 찌들어 크지 못한 작은 대추.

꼬부랑 할미꽃 진 뒤 흰 털 꽃

머리칼 꽃

꼬부랑 할미꽃 지면

무슨 꽃이 또 피나요?

할머니 머리 닮은

흰 머리칼 꽃이 펴요

흰 머리 역광을 쏘이면

눈부신 꽃 머리칼 꽃.

삼지구엽초의 잎과 개화

삼지구엽초와 얼짱 몸짱

사람은 얼짱 몸짱 이렇게들 표현한다

삼지구엽초도 얼짱 몸짱 그런 말이 맞을 듯

이파리 얼룩 분홍과 어여쁜 꽃 몸통의 말.

꽃 맺히고 피기 전의 개화 준비 신묘하고

꽃피는 과정의 전부가 앙증맞고 귀엽다

이파리 몸짱이라면 개화는 곧 얼짱이다.

작약이 핀 꽃자리

옥새와 승지의 손

외국과의 공문서에

국새가 사용되었다

한 번은 사용 흔적을

내 눈으로 보고 싶다

주상의 지시에 의해

옥새 찍은 승지의 손.

붉은 금낭화 두 줄

금낭화

오월도 역광일 때 빛은 더욱 아름답다

마치 빛 속 하늘 손이 주무른 듯 주머니 신품

두 줄의 나 이쁘지 내기 5대 5라 해야겠다.

흔하고 흔한 금낭화 뒤울안의 아기 공주

세배 돈 받은 색동꼬마 몰려간 철봉대엔

매달린 불룩한 주머니 하나 진이 영미 설희.

한국 토종 가시연

토종 가시연

어리 디 어린 가시연 주름 잡고 조인 이파리

어리 디 어린 수진 사랑 하트를 물 위에 띄우고

실하고 튼튼한 꽃송이 가시 달고 솟구친다.

꽃송이가 물끄러미 바라보는 가시 단 이파리

앞으로 크면 맷방석 곡식 한 섬 말릴 수도

꽃대가 두터운 이파리 뚫고 펴 보이는 이 장관.

요정이 된 후꾸시아 꽃

꽃의 요정, 천사(天使)

후꾸시아 꽃 두 송이 요정과 천사의 태(態)

꽃받침 연두색 얼굴 야무진 듯 빨간 입술

붉은 잎 바람에 날려 깃을 치며 날았다.

하얀 치마폭엔 태극 문양 찍어 줬고

멀리 보라 붉은 안경 높이 날아 천리 보는

누군가 휘파람 불면 하늘 궁전 들 것 같다.

회목나무 꽃

초록 지킴이 메달

지구의 허파 브라질

세계가 수혜자다

한 나라 짙푸른 숲

온 국민이 수혜자다

푸른 숲 가꾸고 노래한 이

수상 메달 회목의 꽃.

방아꽃 이슬

방아 꽃 이슬

방아 향 맡으며 걸어가면 미음자 초가

두엄 내 풍기며 가는 암소의 뚜벅 걸음

소죽을 퍼 담던 숙모님 앞치마의 된장 내.

방아의 이슬 속엔 서낭당과 고목나무

원두막의 개구리참외 뒤울안의 박 우물

시원한 대청마루엔 서늘바람 매미 운다.

후꾸시아 꽃망울과 이슬

비행선 타고

붉은 비행선 타고

높이 높이 날고 싶다

앉은 자리 투명한 시야

멀고 먼 곳 보고 싶다

엄지 손 히말라야 산도

눈의 품에 안고 싶다.

크리스털과 프리즘

무지개빛 크리스털

프리즘이 프리즘을 낳고

프리즘이 또 프리즘을

무지개가 무지개를 빚어

무지개가 또 무지개를

선명한 레인보우 뭉치

그게 바로 보석의 빛.

억새 발과 술패랭이꽃

술패랭이가 술패랭이에게

그래 술패랭이가

술 몇 잔 했다고 치자

그래 꽃 가장자리 문양

꼬부랑 혀 됐다 치자

술 취한 혀끝이 잘 풀려

사랑 고백 했다면….

〈작품해설〉

이상범의 시세계

경계 너머의 시 : 자연과 예술과 시, 그리고 이미지

_ 박진임(문학평론가)

경계 너머의 시 : 자연과 예술과 시, 그리고 이미지

박진임(문학평론가)

1. 자연과 예술과 시인

이상범 시인의 시세계에서는 자연의 모든 것이 조화롭게 그려진다. 히말라야산맥의 준엄한 산세에서부터 풀잎에 맺힌 작은 이슬까지 시인은 눈길 가는 모든 것을 시편으로 옮겨온다. 크거나 작거나 우람하거나 사소하거나 거칠 거나 곱거나…… 이상범 시인에게는 자연의 물상들이 모두 한결같다. 차이 없이 소중하다. 알맞게 시어로 다듬어지고 각각 새로운 의미를 부여받은 채 그들은 독자에게 스스로를 현현한다. 자연의 모든 것들은 결국 시인의 삶을 그대로 증언한다. 시인 자신의 삶이 아니라면 시인과 더불어 살아가는 동시대인의 삶을 웅변한다. 먼저 「바람의 추억」을 살펴보자. 시인이 풀밭에 이는 바람을 보면서 스스로의 삶을 반추하는 장면을 보여주는

「바람의 추억」은 시인의 자화상에 해당하는 시편으로 볼 수 있다.

눈으로 볼 수 없는 바람의 발 밟고 간 자국
구불구불 리을자로 기억하는 지나온 외길
그 맑은 바람이 빗질하는 자연의 손 초록 말
아주 오래도록 들에 핀 얘기 걸러 내고
남모르게 귀 밝힌 마음 소슬한 오솔길을
누웠다 일어나는 속엣 말 세상 적신 풀빛 음성
풀밭은 모질고 끈질기게 부활하는 꿈
스스로 씻어내고 닦아내어 정갈하다
바람을 맞는 풀밭은 목 메이는 파란 지평.

「바람의 족적: 내가 나에게」 전문

자연 속의 바람과 그 바람의 흔적을 드러내는 풀잎들은 조용히 시인의 삶을 한 폭 그림처럼 보여준다. 바람이 불어 풀잎이 드러눕는다. 그리고 일어난다. 김수영 시인이 「풀잎」 시편에서 "바람이 분다, 풀이 눕는다" 하고 노래했던 바와 마찬가지이다. 그러나 이상범 시인은 시적 화자인 시인 자신의 모습과 분리된 채 떨어진 곳에 존재

하는 객관적 대상으로 자연을 파악하지 않는다. 자연이 곧 시적 주체임을 보여준다. 그에게 자연은 인간의 삶, 그 자체의 현장이다. 또한 자연은 시인에게 삶의 의미를 깨우쳐주는 스승의 구실을 한다. 이 시에서 자연은 시인의 고달픈 생애를 위로하는 좋은 벗의 역할 또한 담당하고 있다. 풀밭과 그 풀밭을 스치는 바람은 정갈하다는 점에서 시인의 삶을 닮아있다. 그리고 "모질고 끈질기게 부활"한다는 점에서도 풀잎의 생명은 시인의 삶을 대변한다. 시인이 마지막 행에서 "목 메이는 파란 지평"이라고 노래하는 이유는 그 풀밭이 주는 위로의 노래에 시인 스스로가 울먹이고 있기 때문일 것이다. "바람을 맞는 풀밭은 목 메이는 파란 지평"이라는 종결을 소리 내어 읽어보라. 바람 앞에 자신의 존재를 내맡긴 채 그저 푸르게 열려 있는 풀밭! 그것은 시인이 지닌 무한한 긍정과 희망의 힘을 보여주는 구절이다.

시인의 삶을 지탱하는 한 축이 자연 혹은 자연이 지닌 생명력이라면 다른 한 축은 예술혼이라 할 수 있다. 지극한 아름다움을 찾아 헤매는 시인의 영혼은 자연에 스스로를 완전히 투사하기도 하고 우리 전통 예술의 넋에 접목되기도 한다. 「남도창(南道唱)」을 보자.

소리를 짊어지고
누가 영(嶺)을 넘는가
이쯤 해 혼을 축일
주막 집도 있을 법한데
목이 쉰 눈보라 소리가
산 같은 한을 옮긴다

「남도창(南道唱)」 전문

눈보라 속에 고개를 넘어가는 한 나그네의 모습에서 시인은 전통의 소리에 한 생애를 바친 고독한 소리쟁이를 발견한다. 소리쟁이는 전국 팔도를 떠돌며 그 소리를 알아주는 이를 찾아 헤맨다. 소리쟁이가 눈보라 속에서 고개를 넘어야 하는 것은 그런 까닭에서이다. 한(恨)이 절절한 자만이 득음에 이를 수 있다고 했으니 소리꾼은 목이 쉬도록 소리 할 뿐이다. 그래서 소리하는 것이 한이 되고 한이 다시 소리가 될 것이다. 그런 소리꾼의 한을 "산 같은 한"이라고 시인은 부른다. 한이 한 채의 산만 할 때 "소리를 짊어지고" 고개 넘어가는 소리꾼은 그 고개 너머에서 득음에 이를지도 모를 일이다. 한이 산이고 산이 한이 되는 것이다. 소리꾼이 소리를 짊어지고 고개를 넘기에 눈보라도 같이 목이 쉬어있다. 자연 속에 풍경의 한 점으로 소멸하는 예술가의 초상을 다시 본다. 그 소리꾼이 어쩌면 이상범 시인 자신일 것이다. 소리꾼의 소리가 그의 시조일 것이다. 그렇다면 "혼을 축일 주막집"은 예술혼의 교감이라는 드문 순간의 은유일 것이다. 불가능한 것은 아니지만 쉽게 오지는 않는 영적 교류의 순간을 노래한 것일 터이다.

이상범 시인이 최근 들어 각별한 애착을 갖고 있는 분야는 시조를 카메라 사진의 이미지와 결합시키는 일이다. 문단에서는 '디카시'라는 신조어로 그 장르를 지칭하고 있는 모양이다. 자연의 작은 부분들까지 들여다보고 그 숨은 의미를 발견하려 한 것이 이상범 시인의 시세계의 특징이라면 그러한 시도들이 마침내 이른 곳이 '디카시' 장르이다. 2014년에 발간한 『하늘색 점등인』과 『쇠기러기 설악을 날다』는 시인의 대표적인 디카시집 중의 하나이다.

『하늘색 점등인』에 수록된 시편들 중 이미지와 시어의 결합이 돋보이는 시편으로 「보리바람(麥風)」과 「백련의 침묵」을 들 수 있다. 먼저 「보리바람(麥風)」을 보자.

보리누름 위로 부는

바람 무늬 휘어진 파문

도리깨로 후려쳐야

보리 고개 챙기던 시절

키질에 날던 까끄러기

불에 구워도 따가왔다.

「보리바람(麥風)」 전문

시집에서 이 시편은 황금빛 보리밭을 찍은 사진 이미지와 함께 수록되어 있다. 누렇게 팬 보리로 가득한 벌판과 그 벌판을 쓸고 지나가는 바람의 흔적이 담긴 이미지를 거느린 채 등장한다. 초장에서 시인은 먼저 보리누름과 그 위를 스치는 바람을 그려낸다. 전형적인 시조의 문법을 따르자면 초장은 서경에 바쳐지는 것이다. 시인이 그리는 보리밭의 풍경은 적절한 서경의 초장에 해당한다. 중장에서는 시인의 개인적 기억이 틈입하여 민족의 집단적 추억을 함께 불러낸다. 지금 세대에게는 까마득한 전설이 되어버린, 가난하던 시절의 보리고개를 회상하는 것이다. 김훈 소설가가 『공터에서』를 집필하며 밝혔듯, 우리 민족의 역사는 국민들로 하여금 일인당 국민소득 80달러의 시절과 2만 달러의 시절이 압축된 몇십 년 안에 경험하게 만들었다. 1960년대와 1970년대의 근대화, 산업화 과정을 거치기 전, 농경 중심의 사회가 김훈 소설가가 이르는 국민 소득 100여 달러의 시대이다. 보리고개는 그런 궁핍한 시대의 산물인 것이다. 소설가가 산문으로 기록한 역사의 한 장면을 이상범 시인은 개인적 기억을 되살리며 시어로 다시 그려낸다. '도리깨'라는 은유를 통하여 직접적이고도 생생하게 그 시대의 정서를 제시한다. 종장은 다시 내밀한 개인의 기억 깊은 곳으로 회귀한다. 그리하여 서정으로 마무리된다. 공적 역사의 기록은 말해주지 않는 '불에 구운 보리 까끄라기'의 "따가"운 맛을 시인은 증언하고 있다. 문학이 공적 기록으로서의 역사에 저항하거나 그 결락을 메우는 역할을 담당하기도 한다는 것은 잘 알려진 사실이다. 소설은 망각 속의 사실들을 허구로 재구성하면서 진실에 이르고자 하는 장르라 할 수 있다. 반면 시는 개인의 기억이

상징과 은유의 모티프들 속에서 직접 현현하는 것을 가능하게 하는 장르이다. 해방 이전에 태어나 근대화 이전의 삶을 추억으로 가진 시인이 시를 쓸 때 가장 강조되어야 할 점이 바로 그 점일 것이다. 개인의 기억으로 다시 쓰는 집단의 역사! 이상범 시인의 시편에서 필자가 가장 주목하는 것이 바로 그 점이다. 이제는 잊혀진 보리고개의 추억이 아련한 향수를 동반한 채 다시금 살아나 있는 소중한 시편이 「보리바람(麥風)」이라 할 수 있다.

이제 꽃이 피는 순간의 신비를 그린 「백련(白蓮)의 침묵」을 보자. 「백련(白蓮)의 침묵」은 개화 직전의 꽃봉오리의 이미지를 사진으로 포착하면서 동시에 그 꽃 피려는 미묘한 순간에 작동하는 우주의 힘을 시어로 그려낸 시편이다. 모든 극적인 순간에는 팡파르가 울리곤 한다. 나라가 태어난 날, 광복절이나 독립 기념일에 호숫가에서 혹은 바다에서 폭죽을 터뜨리는 제의는 신생의 모든 것에 보내는 힘찬 갈채에 해당한다. 이 시편에서는 징소리가 개화의 순간을 재촉하는 격려의 힘으로 작동하고 있다. 그 징 소리는 시인이 상상 속에서 듣는 소리이다. 기막힌 운명의 소리이다. 우리 민족의 오랜 설화를 배경에 거느린 채 그 소리는 "자명고 소리"로 승화한다. 한 생명을 탄생시키고 난 후에는 기꺼이 터지고 찢어지며 스스로를 희생시킬 준비가 되어있는 존재가 징이며 징 소리이다. 그렇기에 시인은 그것을 "자명고 소리"라고 명명하는 것이다.

징소리 징징 울려

침묵의 방짜 소리……

순수의 희디 흰 꽃

피우기전 떨림의 과정

징 징 징 한 영역을 채우는

저 무궁한 자명고 소리……

「백련(白蓮)의 침묵」 전문

풀밭에 바람이 지나가며 만든 무늬에서 살아온 인생길의 자취를 발견하는 것이 시인의 눈길이었다. 그 눈길은 이처럼 꽃 피는 장면에서는 밝은 귀로 변하여 생명을 격

려하는 징 소리를 듣는다. 시인은 자연의 다른 모습들에서도 그 숨겨진 의미를 찾아내는 데에 밝다. 바람 한 줄기, 꽃 한 송이도 무심히 그냥 불거나 그저 피지 않는 것이듯 시인의 눈길이 닿으면 돌멩이 한 알도 깊은 속내를 드러내기 시작한다. 「예송리 돌밭」을 보자.

작은 돌 한 움큼을 손가락 새로 흘린다
매끄럽고 따사한 생명력에 흠칫 놀라
햇살에 까맣게 익은 바둑돌이 눈을 뜬다.
손등 위에 올려놓으면 공깃돌로 뒤바뀐다
볼 붉힌 어린 소녀 까르르 웃음소리……
눈동자 빛나는 동심 가슴으로 읽고 있다.
구슬이 구슬끼리 구슬을 만드는 역사
연초록 바닷물에 몇 만 년 갈고 닦아
몸으로 비원을 꿰면 눈먼 돌도 말을 한다.
돌밭 위에 주저앉아 우주 얘기 듣고 있다
사람 사는 키질 소리 긴긴 내력 되새기며
바닷가 소년은 아직 돌아올 줄 몰랐다.

「예송리 돌밭」 전문

시인은 돌밭 위에 앉아 돌멩이들에서 “우주 얘기”를 듣고 있다. “눈먼 돌”도 “말을 한다.”라고 시인은 노래한다. 어쩌면 눈먼 돌만이 우주 얘기를 들려줄 수 있는 존재일지도 모르겠다. 눈이 멀면 다른 감각이 예민하게 살아나 눈을 대신하게 된다고 눈먼 자가 얘기하는 것을 들은 적 있다. 그래서 눈먼 자는 음악을 듣는 귀가 뛰어나거나 사람의 몸을 만져주는 손길이 유난히 부드럽거나 혹은 발음이나 목소리가 매우 아름다운 것을 보게 된다. 눈먼 자가 사람의 운명을 점쳐주는 무속인이 되곤 하는 것도 그런 까닭일 것이다. 그런데 “우주 얘기”를 돌멩이로부터 시인이 듣는 것인지 시인에게서 돌멩이가 듣는 것인지 문득 경계가 모호해지는 것을 본다. 기꺼이 듣고자 다가가는 시인이 있어 그 마음의 빗장을 푸는 사랑의 열기가 있어 돌들이 그의 친구가 되는 것은 아닐까? 그 돌들로 하여금 자신들의 “긴긴 내력”을 되새기게 만들어 주는 것은 아닐까? “구슬이 구슬끼리 구슬을 만드는 역사”…… 새겨가며 다시 읽을 구절이다. 돌이 돌끼리 모여 돌밭을 이루는 역사에 시인은 홀로 초대받아 우주의 비밀을 받아쓰기하고 있다.

상상의 힘은 시인으로 하여금 속(俗)의 세계에서 성(聖)의 세계로 날아오르게 만든다. 성과 속의 경계를 지우며 둘 사이를 자유로이 넘나드는 시인의 시혼이 고스란히 담긴 시편으로 「신전의 가을」을 들 수 있다.

하늘이 만판 내려와 빛을 빚는 가을걷이
무슨 영(令) 받드는지 햇살은 눈을 굴리고
불 쓰는 제단의 손을 힐끔힐끔 돌아봤다.
물소리 가슴을 흘러 고요가 눈을 뜨면
법의 자락에 끌려 빠지지 타는 생각
신전이 잠시 뜨는 걸 곁눈질로 보곤 했다.
가을빛 들끓는 곳 번뜩이는 갈겨니 떼
기도가 하늘에 닿으면 지상에 버는 꽃잎
그 꽃빛 밤이면 별(星)로 숨 쉬는 걸 나는 봤다.

「신전의 가을」 전문

시인이 꿈꾸는 나라에서는 "갈겨니 떼"가 꽃을 피우고 꽃은 다시 하늘에 별을 뜨게 만든다. 하늘이 땅에 내려오고 햇살도 하늘과 어울리고 거기 물소리가 합쳐질 때 문득 고요, 그것도 햇볕 따뜻하게 밝은 어느 가을날의 고요가 찾아온다. 그럴 때 우리는 모두 기도할 수밖에 없으리라. 그 절대의 숭고함 앞에 겸손해지며 일순 유순해져 무를 꿇게 되리라. 그러면 그 마음, 순전해져서 신전 한 채를 하늘로 밀어 올리게 되리라. 성(聖)과 속(俗)이 지워지는 그런 미묘하고 드문 순간을 시인은 이처럼 한 편 시로 빚어내고 있다. 기도는 하늘에 이르고 그럴 때 지상에는 꽃잎이 눈을 뜬다. 그 꽃의 빛깔이 있어 밤에는 하늘에 다시 별이 돋아나는 것일 테다.

2. 이미지와 시어의 어울림, 그 가능성과 한계

이상범 시인은 자연 속의 모든 경이로운 장면들을 세심하게 살피는 눈길을 지녔다. 사진으로 그 아름다움을 찍어 복제하면서 세세한 사연들은 시어로 풀어내는 작업을 계속한다. 「춘우초」 시편을 보자.

언 듯 보면 사초만한 눈에 담아 반할만한

붉은 빛 연지 바른 듯 살짝 내민 꽃술이다

춘우초 개화엔 쿵쾅 쾅 호통 치는 천둥소리

「춘우초」 부분

춘우초가 개화하는 장면 앞에서 시인은 그 개화에 동원된 천둥소리를 듣고 있다. 그처럼 자연의 미묘하고 드문 순간에 유념하면서 시인은 우리가 잃고 살아온 것이나 허물어 버린 것들을 되찾아주고 회복시키기를 지속한다. 한 알 먼지처럼 우주 속에 떠 있는 존재인 인간의 한계에 대한 자각과 그에 따른 측은지심이 시심의 저변을 이루고 있음은 물론이다. 하나의 생명을 이루는 데에 물과 공기와 흙과 같은 자연의 모든 것이 동원되어야 한다는 이치를 시인은 다양한 시편을 통하여 드러내 보여준다. 「안개비」에는 옥수수가 결실을 맺을 때 작은 빗방울이 그 역사를 돕는 정경이 그려져 있다.

실비가 낮은 산을 한나절 밟고 가면

가랑비 촉촉한 물기 수분 배인 흙이 된다

옥수수 익히는 통로 물을 깃는 분홍 수염.

옥수수 단물 드는 가뭄 끝 능개비 자락

스미는 힘 젖는 소리 자욱한 세우(細雨)를 앉혀

단비에 옥수수 알갱이 속이 차는 안개비다.

「안개비」 전문

안개비란 참으로 아름다운 이름이다. 안개는 "자욱한" 것이고 "비"는 흙으로 하여금 "촉촉한 물기" 머금고 수분 배게 하는 것일 터이다. 비이면서 안개이고 안개인가 하면 비인 것, 그런 안개비가 소리 없이 내리며 "옥수수 알갱이 속이 차"게 만든다. 그런 알뜰하고 조용한 내실의 시간을 시인은 지켜본다. 소리도 없고 형체도 분간하기 어려운 것, 지극히 작은 입자가 안개비를 이루는 알갱이이다. 그래서 "실비"이고 "세우(細雨)"라는 이름을 얻는 것 아니겠는가? 그 미세한 것의 힘, 시인이 이른 바대로 "스미는 힘"으로 "옥수수 알갱이"의 속이 차오른다. 그래서 시인은 "젖는 소리"조차 들을 수 있는 것인가 보다. "가뭄 끝"에 오는 "능개비"는 생명을 생명이게 만드는 강한 힘을 지닌 것이다. 날은 한참 가물고 그 가뭄에 지쳐 늘어진 것들 사이로 스미는 "단물 드는" 것조차 느껴지게 만들 것 같은 것이 "안개비"이다. 그 안개비의 생명력이 시인의 카메라와 시어에 고스란히 포착된다.

「히말라야 청색 양귀비」는 시인의 카메라에 포착된 양귀비꽃의 숨은 사연을 경청하는 시인의 모습이 드러난 시편이다.

히말라야 양귀비는 분명한 영혼의 꽃
눈물 너머 짙푸른 날 하늘색을 먹고 핀 꽃
꽃망울 터지는 모습도 하늘 닮아 파란 꽃.
히말라야 양귀비는 절절한 기도의 꽃
오체투지 평생소원 하늘 담아 커가는 꽃
감싸는 청색의 품 안 한잎 두잎 깨달음 꽃.
히말라야 양귀비는 터득 속의 가난한 꽃
돌이며 나무토막 움막집의 귀로 듣는 꽃
혹독한 시련의 말씀에 열반에 든 부처 꽃.

「히말라야 청색 양귀비」 전문

"영혼의 꽃"에서 출발하여 "열반에 든 부처꽃"에 이르기까지 히말라야 청색 양귀비는 시인에게는 종교적 구도의 과정을 이끄는 매개체로 현현하고 있다. "하늘색을 먹고 핀 꽃" "하늘 닮아 파란 꽃"에서 보이듯 그 꽃은 하늘을 닮아 있고 하늘의 색깔을 공유한다. 히말라야라는 지상에서 가장 높은 어느 지점에서 존재를 드러내는 것이 히말라야 청색 양귀비이다. 하늘이 초월성의 은유라면 히말라야 청색 양귀비는 이미 초월에 다다른 존재일 수 있다. 영혼과 하늘과 열반과 부처…… 시인은 구도자의 자세로 꽃을 받든 채 무릎 꿇고 있으리라. 사진으로 포착한 이미지는 그 구원의 한순간을 영구히 고정시키고 있음이 틀림없다. 각 행을 동일한 "꽃"이라는 음절로 마무리함으로써 반복되는 소리를 통한 음악성까지 곁들이게 된다. 시인의 초월적 경험이 꽃의 심상과 어울려 조화롭다.

「고운 튤립과 깃 죽지 새」는 꽃의 심상이 더욱 복합적인 형태로 변주되어 나타나는 시편이다.

꽃잎은 날기 원해

바람에 날다가 진다

그 꽃잎 깃 죽지 단

이파리 깃 전부 합치면

적어도 일곱 마리 새가

깃을 치며 날 것 같다.

「고운 튤립과 깃 죽지 새」 전문

시인은 튤립이라는 꽃을 카메라의 피사체로 삼고 있다. 그러나 그 시인의 언어는 꽃의 꽃 됨을 포착하지 않는다. 꽃을 노래하기 위하여 시인은 그 꽃잎을 새의 날개로 바꾸어 놓는 주술사의 힘을 보여준다. 꽃잎이 새의 깃이 되고 낙화하는 꽃잎에서 깃을 치며 승천하는 새를 본다. 한 마리 외로운 새의 비상을 보는 것이 아니다. "일곱 마리 새"가 무리 지어 힘차게 하늘로 날아오른다. 낙화를 노래하는 가장 뜨거운 찬양 시의 모습을 볼 수 있다. 추락하는 것은 날개가 있다고 서구의 어느 시인이 노래했다면 꽃이라는 아름다운 대상이 이지러지는 시간, 그 말라버린 꽃의 육체는 당연히 새의 날개로 변하여 하늘로 오르는 것이어야 하리라. 인간의 영혼이 육체를 버릴 때 그의 옷가지를 들고 지붕에 올라 혼을 불러보는 초혼의 제의가 필요하다면 꽃의 죽음 앞에서 일곱 마리 새가 날아오르는 것은 지극히 당연한 일일 터이다. 가장 아름다웠던 영혼이 그 몸을 떠날 때 새떼가 날아오르며 그 혼을 호위하여 마땅할 터이다.

꽃에서 종교적 초월성을 발견하고 다시 꽃을 통하여 무수한 상승의 이미지를 유추한 시인의 눈길은 풍경 앞에서도 풍경의 묘사에 멈추지 않고 그 내면을 투사한다. 백곡 저수지의 풍광을 포착하며 시어로 형상화 낸 시편 「백곡저수지에서: 생거진천 발상지를 찾아 2」를 보자.

이무기가 물면을 차고 오르는 건 못 보았다
아침엔 김 오르는 물안개가 수면을 씻고
물고기 뽀글뽀글 숨 쉬며 새 신호의 아침 인사.
낮이면 해, 밤이면 달, 고요를 헹구는 습성
저물녘 파문을 세워 숲이 푸는 서늘바람
이 고장 맛깔 배인 쌀 그 근원의 정갈한 물.
어스름엔 철새의 귀환 등불 몇 점 살아나는
깃 접은 물오리 가족 수초 사이 곤한 잠을
날 들면 비늘 뜨는 호면 새물 자꾸 빚는다.

「백곡저수지에서: 생거진천 발상지를 찾아 2」

시인은 저수지에 고인 물의 심상을 따라가며 아침부터

저녁까지 시시각각 변해가는 풍경을 그려내고 있다. "낮이면 해, 밤이면 달" 구절이 보이듯 물 고인 그곳은 해와 달이 수시로 뜨고 지며 생명의 기운을 불어넣는 곳이다. 오랜 전설을 안고 이무기도 하늘로 날아오를 듯한 곳에서 시인은 생명의 신비와 끝 간 데 모를 자연의 근원적 힘을 느끼고 있다. "이무기가 물면을 차고 오르는 건 못 보았다"는 시편의 도입 부분이 시조의 전형성을 파괴하여 신선한 기운을 시편에 불어넣고 있다. 앞서 언급한 바와 같이 서경을 노래하며 서정으로 이행하는 것이 시조의 오래된 문법이라 할 것인데 시인은 서정은 과감히 생략하고 서경으로만 일관하고 있다, 그러나 이무기가 차고 오르는 역동성의 심상을 먼저 제시하고 있다. 그리하여 시편 전편이 한 폭의 담백한 수채화로 그치지 않도록 만드는 장치를 마련한다. 그 뒤를 잇는 아침의 물안개며 해와 달, 고요, 저물녘의 서늘바람이 매우 정적이므로 그 도입 부분은 시편 전체로 하여금 균형감을 유지하게 만든다. 무심하고 진부하게 보이는 풍경의 묘사에 그치지 않도록 하는 힘을 시의 도입이 담보하고 있는 것이다. 그리하여 그 뒤를 이어 나타나는 어스름의 철새와 등불, 물오리와 수초 그리고 다음 날의 새로운 물비늘의 이미지가 더욱 생생해진다. 철새와 물오리와 수초가 생명력을 느끼게 만드는 시어로 살아나는 것은 그런 도입 부분의 힘 덕분일 것이다.

백곡저수지의 정경은 안개와 철새와 물오리와 햇살 같은 맑고 고운 물상들을 중심으로 그려져 있다. 반면 「농다리 연가(戀歌): 30년 만에 재회한」의 풍경은 좀 더 사람살이의 이야기에 가깝다.

이고 업고 마실가는 소통의 긴 돌다리
곰실곰실 도롱뇽 걸음 밟으면 꿈틀대는
지네가 이끄는 갈지(之)자 머리 들어 반색한다.
정갈한 물소리 끼고 솔솔 꿈을 다독이는
맨 돌을 나르던 손 그 숨결을 조리질 하고
실비 속 빨강 연두 우산 쓰고 가는 나들이.
바람 골 꽉 찬 이파리 옛 정을 손 흔들면
연가에 물든 여울 버들잎이 나부끼고
삼십 년 씻긴 얼굴로 농을 거는 농다리.

「농다리 연가(戀歌): 30년 만에 재회한」 전문

"마실가는" 사람들과 "빨강 연두 우산 쓰고 가는 나들이"가 중심이 되기에 "농다리"는 "소통의 긴 돌다리"로 기능하기에 적합하다. 평화롭고 화목하며 정겨운 사람들의 미소조차 눈에 보이는 듯하다. "옛 정을 손 흔"드는 이파리의 존재 앞에서 문득 낯설다는 느낌과 목이 잠겨오는 그리움을 느끼게 된다. 잃어버리지 말아야 할 것을 잃어버린 채, "이고 업고 마실가는" 풍속과는 까마득히 멀어진 채 각자의 고립된 공간 속에 갇혀있는 오늘날의 우리 삶이 문득 돌아 보이기 때문일 것이다. 각박하고 고독한 우리의 현실이 이 시편에 배경처럼 드리워진 채 시편 속의 조화로운 세상과 대조를 이루는 까닭일 것이다. "연가에 물든 여울 버들잎이 나부끼고"라는 구절이 매우 친숙한 정서를 환기시킨다. 상실해버린 아카디아(arcadia)가 선명하게 되살아난다. 시편에 그려진 돌다리와 사람들의 모습이 어제 본 듯 선연한데 곰곰이 따져보니 한 세대 전의 설화 같다. 바로 그 점, 복합적이고 양가적이면서 상호 모순되는 감정을 동시에 환기시킬 수 있다는 점이 이 시편의 매력일 것이다. 그것은 다시 이상범 시조의 특징 중의 하나로 이해되어도 좋을 것이다. 시인이 제시하는 장면 속에 온통 빨려 들어가는 듯하다가 문득 그것이 오래전의 풍경임을 알아차리면서 움찔하는 느낌을 갖는 것이다.

자연의 사연들을 귀 기울여 경청하는 시인의 자세가

드러난 시편들과 더불어 그 자연 속에서 인생살이의 구체적인 장면을 발견할 때 시 읽는 기쁨은 배가된다. 그런가 하면 자연을 통하여 인생을 살아갈 지혜조차 읽게 될 때 시의 내포는 더욱 풍성함을 볼 수 있다. 「눈보라 속 듣는 말: 서정춘 시인께」를 보자.

그 머리는 눈 오기 전
솜털 빠진 억새 머리
'살아라, 세끼 먹을 수 있는
그곳이 바로 고향이다' ※
어딘가 또 눈보라 친다
바람 속에 듣는 말.

※ 젊어서 고향을 떠나는 서정춘 시인에게 아버지가 남긴 말씀

「눈보라 속 듣는 말:서정춘 시인께」 전문

삶이 버겁고 거칠어도 먹고 사는 일의 숭고함 앞에서는 숙연해질 따름이다. 그러니 "세끼 먹을 수 있는" 곳이라면 어찌 고향이 아닐 수 있겠는가? '고향은 마음이 머무는 곳(Home is where the heart is)'이라는 말은 오래

된 진실이다. 나고 자란 곳이야 누구에게나 정다운 고향이지만 낯선 곳에서 마음 붙이고 얼려 살며 자신의 공간을 만들어 가는 것은 슬기로운 자만이 할 수 있다. 새로운 고향을 창조하는 일이기 때문이다. 고향 아닌 곳을 새로운 고향으로 만들어가는 것이 인생의 길이라는 지혜로운 가르침이 시편의 주제를 이루고 있다. 그 교훈은 다시 밀접한 상관성을 지닌 이미지를 통하여 구체적이고도 선명하게 시각화된다.

"눈보라"와 "바람"은 새로운 고향을 찾아 익숙한 고향을 떠나는 자 앞에 놓인 거친 현실을 이르는 것이다. 눈보라 치고 바람 불면 선명하게 다시 떠올리게 되는 것이 "말"이다. 아버지로부터 아들로 이어지는 '말'이야말로 피를 통해 유전되는 한 가문의 문화를 압축한 대상일 것이다. "어딘가 또 눈보라 친다"에 이어 "바람 속에 듣는 말"로 마무리되는 종장은 언어의 음악성과 내포가 매우 적절하게 조화를 이루며 결합된 구절이다. 눈보라 속에서도 바람 속에서도 살아남아 다시 등장하는 '말'이 있는 한 인생은 계속될 것이다. 그 말은 사람들로 하여금 오래 견디며 눈보라와 바람을 뚫고 다시 걸어갈 수 있게 만들 것이다.

눈보라와 바람 속에 고향을 떠나 타향에서 살아가는

개인의 인생사를 읽는 호젓한 마음을 위의 시편에서 본다면 그 마음에 이는 물결이 더욱 고조되어 출렁임을 보여주는 시편을 볼 수 있다. 포석 조명희 시인의 흔적과 조우한 시인의 마음은 「옮은 미소가 남긴 끝말 : 1938년 5월, 포석 조명희 詩人」에 드러나 있다. 그 시편에서 고향은 조국이 되고 타향은 "동토의 시베리아"가 되어 다시 등장한다.

왜 조국을 떠났냐고 언젠가는 내게 물을게다
나를 향해 조여 오는 안 보이는 손이 있어
남아서 받을 고통 아니라 뜻하는 일 멀기 때문.
가야 할 길은 하나지만 가야 할 곳은 여러 갈래
남이 밟은 뒷길 아닌 내가 새로 개척할 외길
되찾을 나라의 꿈 이룩할 이 동토의 시베리아.
아니야 이건 아니야 나를 던져 구할 나라
부서져 챙길 겨레 끝내 외친 내 사랑 대한 조국
다 접고 이젠 하늘나라 묵언의 길 들것 같다.

※1938년 5월 11일 억울한 누명(陋名) 쓰고 비명(非命) 타계(他界)함

「엷은 미소가 남긴 끝말 : 1938년 5월, 포석 조명희 詩人」 전문

평화의 시절이었다면 꽃과 새와 바람과 햇살을 노래하는 것이 시인의 길이었을 것이다. "빼앗긴 들에도 봄은 오는가"하고 이상화 시인이 노래했다. "님은 갔습니다" 하고 한용운 시인이 노래했다. 님이 버리고 떠나간 땅, 빼앗긴 땅에서 나고 자란 조명희 시인은 이산의 길을 선택한 시인이다. 값없이 영광도 없이 사라져간 시인 중의 한 사람으로 조명희 시인을 들 수 있다. 이렇게 기억하는 이가 있어 그 자취를 언어로라도 남겨야 할 일이다. "남이 밟은 뒷길 아닌 내가 새로 개척할 외길" 구절에서 "어딘가 또 눈보라 친다 바람 속에 듣는 말" 구절이 다시 메아리치는 것을 본다. 홀로 가는 길이 시인의 길이며 고독한 것이 시인의 삶임을 다시금 깨닫는다. 고향이 타향처럼 낯설 때 타향이 고향처럼 익숙할 때 그는 고향과 타향의 경계를 넘어서는 초월자일 것이다. 조국이 타국처럼 불편할 때 타국이 조국처럼 익숙할 때, 더 나아가 타국과 조국의 구별이 없이 인간 삶의 공간은 한결같다고 느껴질 때 그는 진정한 자유인일 것이다. 고향 떠난 자의 노래, 조국을 떠난 이의 고독을 필사하는 이상범 시인은 그

과정을 통하여 스스로 초월하고 자유롭고자 하는 시인임이 틀림없다.

이상범 시인의 시세계에서는 한 알 이슬이 우주의 역사를 증언하기도 하고 꽃잎 하나가 새의 깃털이라는 은유로 재탄생하기도 한다. 시인이 사물을 바라보는 눈길이 사랑으로 가득 차 있기에 사물들은 그 눈길에 의해 생명을 새로이 부여받은 듯 문득 산뜻해지고 더욱 건강해진다.

이상범 시인은 디지털카메라가 포착한 이미지와 연계된 시편들을 계속하여 보여주고 있다. 시에서 은유가 대상의 시각화를 위한 장치일진대 이상범 시인은 그 은유의 시어들에 영상적 등가물을 병치하는 것이다. 언어 예술이 상상 속의 이미지를 추구해 온 오랜 전통을 벗어나 직접적인 이미지를 곁들이며 언어와 영상 사이의 교호를 시도해보는 것이다. 시인이 제시한 이미지가 시편이 스스로 지닌 자유로운 상상력의 영토를 제한할 가능성을 배제할 수는 없다. 언어가 이룩한 상상력의 열려 있는 영토에 오히려 경계를 짓고 구획하는 결과를 이미지가 가져올 수도 있는 것이다. 그럼에도 불구하고 시인은 기계 문명의 발달에 기대어 시조의 다양한 변신의 가능성을 탐색하려는 드문 시도를 계속하고 있다. 나날이 발전하는 카메라의 기술을 응용하여 시적 언어가 나아갈 바를 모색하고 있는 것이다. 기술의 발전을 능가하는 세련되고 정교한 시어들이 계속하여 탄생하기를 기원해본다. 영상 이미지에 적절하고도 아름답게 부합하는 시어들, 혹은 영상 이미지가 부축하는 영롱한 시어들을 통해 일일신 우일신(日日新 又日新) 하는 이상범 시세계를 그려본다.